Découverte Benjamin

Écrit et illustré par Laura Bour

Conseil pédagogique :
Équipe du bureau de l'Association Générale des Instituteurs et Institutrices des Écoles et Classes Maternelles Publiques.

Conseil éditorial :
Danièle Guinot, docteur ès Sciences, Maître de Conférences au Muséum National d'Histoire Naturelle.

ISBN 2-07-055848-7

Dépôt légal : janvier 2004. Numéro d'édition 127827
Loi n°49-956 du 16 juillet 1949 sur les publications destinées à la jeunesse.

Imprimé en Italie par Editoriale Lloyd

Loup

qui es-tu ?

GALLIMARD JEUNESSE

As-tu déjà eu peur de rencontrer un loup ?

Cette grosse bête terrifiante aux yeux jaunes et aux longues dents, tu l'as peut-être déjà imaginée dans un coin sombre, prête à te dévorer !

Au Moyen Age, les loups étaient représentés selon l'imagination du dessinateur.

Pourquoi cette peur ?

Pendant des siècles, les loups ont été considérés comme des monstres féroces. Leur vie était mal connue, des histoires fausses couraient à leur sujet. Un loup très affamé ou atteint de la rage pouvait s'attaquer aux hommes ou au bétail, même aux portes et aux fenêtres des maisons, s'il y avait de la nourriture à l'intérieur. Mais c'était rare !

Les moutons étaient des proies faciles qui tentaient parfois un loup affamé.

Loup, où es-tu ?

Tu en as peut-être vu un au zoo, tournant en rond derrière les barreaux. Mais dans une forêt ? Une montagne ? Où sont-ils ?
Les loups en liberté n'existent plus chez nous. Certains vivent encore dans quelques pays d'Europe comme la Suède, la Norvège, la Pologne, le nord de l'Espagne, ainsi qu'en Sibérie, en Chine, au Tibet.
D'autres espèces de loups vivent en Amérique du Nord.
Pourtant, il y a deux cents ans, le loup était, dans toute l'Europe, le roi de la forêt ! Son pire ennemi fut l'homme.

L'ours et le lynx, presque disparus eux aussi de nos pays, étaient les seuls ennemis naturels du loup.

Les loups marquent les limites de leur territoire avec quelques gouttes d'urine sur des bornes naturelles : pierres ou buissons.

L'hiver, une bande de cinq à huit loups se rassemble sous le commandement d'un chef et de sa louve dominante.

Les loups marchent dans la neige à la queue leu leu en ne laissant qu'une seule trace.

Chaque semaine, ils en font le tour. Un ruisseau traverse toujours ce territoire car les loups ont tout le temps soif.

Ces deux loups, qui savent se faire respecter, sont les plus forts. Une meute organisée est nécessaire pour chasser le gros gibier.

Mais dans les courbes, ils s'écartent les uns des autres et on peut ainsi savoir leur nombre.

Les loups forment des couples pour toute leur vie

Au printemps, ils cherchent un endroit tranquille pour élever leurs petits.

Le plus souvent, ils s'installent sous un rocher, un arbre abattu ou dans un ancien terrier de renard.

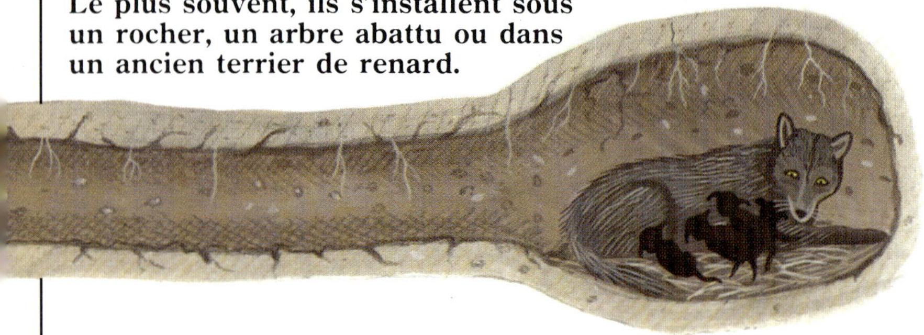

Au bout de neuf semaines, la louve met au monde trois à neuf petits tout noirs, qu'elle allaite. Dès qu'ils savent marcher, les louveteaux explorent les alentours. Leur mère les rattrape par la peau du cou ! Ils s'amusent à se battre jusqu'à ce qu'ils soient morts de fatigue. Petit à petit, les louveteaux apprennent les rudes lois de la nature.

Les parents sont très patients et supportent tout de leurs louveteaux joueurs.

Au menu des loups, une nourriture variée !

Les loups mangent du gibier ou du bétail, selon les circonstances. Mais les premiers savants qui ont étudié leur vie ont été très étonnés de voir ces grands carnivores se nourrir aussi de souris et de grenouilles en été, quand ces petites proies abondent. Pendant les périodes de famine, les loups ne font pas les difficiles : ils peuvent manger des serpents, des vers ou des limaces et même des hannetons. Il faut vraiment avoir une faim de loup !

Une louve donne à ses petits de la viande qu'elle a déjà mâchée.

En remontant les ruisseaux, les loups poussent les saumons dans les lieux peu profonds, et, là, les attrapent d'un coup de gueule. Ils savent aussi retourner les pierres avec leurs pattes pour chercher des écrevisses. L'estomac d'un loup peut contenir quatre kilos de viande. Un loup ne tue jamais pour son plaisir mais seulement pour se nourrir.

A la chasse au gros gibier

Pour ne pas dépenser leurs forces inutilement, les loups testent élans et caribous avant de passer à l'attaque : ils les suivent sur une centaine de mètres. Si la bête est rapide, ils la laissent et en suivent une autre, jusqu'à ce qu'ils trouvent un animal blessé ou faible.

La meute alors attaque

La proie est encerclée et, peu à peu, la ronde des loups se resserre. Enfin, l'animal est immobilisé par des dizaines de crocs acérés, sa mort sera rapide.

Les loups les plus forts mangent les premiers, les vieux et les plus jeunes attendent leur tour à l'écart.

loup dominant

loup soumis

Les loups savent très bien se faire comprendre par des mimiques et des attitudes expressives.

attitude normale

méfiance

menace

domination

soumission

soumission totale

En observant une meute,
on reconnaît tout de suite les loups dominants.
Tu peux retrouver ces attitudes chez les chiens, et connaître leur caractère et leurs intentions !
La mâchoire d'un loup est très puissante et peut casser net une patte d'élan adulte.
Le loup est aussi très doué pour la course, il atteint cinquante kilomètres à l'heure sur une petite distance, mais, au trot régulier, il est capable de parcourir cent kilomètres en une journée !

Les hurlements des loups

Les loups possèdent plusieurs cris très variés : grondements, grincements, aboiements brefs, qui signifient tous quelque chose. C'est surtout à l'aube et au crépuscule que l'on peut entendre le "chant" des loups.

En hurlant d'une colline à une autre, les loups s'avertissent de l'arrivée d'un troupeau de caribous.

Aucun loup n'a la même voix

Certains hurlent grave, d'autres montent mieux dans les aigus et soutiennent leurs notes très longtemps. Comme les chanteurs d'une chorale, les loups semblent bien aimer exercer leurs voix ensemble. Certains Esquimaux connaissent le langage des loups : leurs cris les préviennent de l'approche de proies.

Autrefois comment se protégeait-on des loups qui rôdaient autour des villages et même aux portes des grandes villes ? Des objets ont été inventés, pas toujours très efficaces.
Des charlatans faisaient des affaires en vendant des potions ou des herbes repoussant les loups.
Beaucoup de noms de villes ou de villages, Louveciennes, Louderc, Le Bois-au-Loup, etc., montrent comme le loup a tenu une grande place dans notre pays.

Lanterne à loup.

La rhombe faisait du bruit quand elle tournait.

La fourche à loup était meurtrière.

La tuile à loup servait de signal d'alarme : le vent froid du nord la faisait siffler et annonçait ainsi l'arrivée des loups affamés à l'orée des villages.

Avec ce collier, le chien ne craignait pas d'être attaqué par un loup !

Au dix-septième siècle, les paysans partaient faire des battues avec des armes rudimentaires car ils n'avaient pas de fusil. Mais ils étaient accompagnés de solides chiens, les mâtins.

La chasse à courre du loup était la plus difficile. Les chiens étaient vite épuisés, il fallait les remplacer plusieurs fois. Capturer un vieux loup était considéré comme un exploit.

Au début des années 1990, après soixante ans d'absence, le loup est revenu en France, dans les Alpes-Maritimes.

Les terribles pièges à mâchoire ont fait souffrir beaucoup de loups.

A mort les loups !

Dans tous les pays, à toutes les époques, les loups ont été chassés. Ils étaient l'ennemi principal de l'homme. Tous les moyens pour les détruire furent utilisés : pièges, trappes, poison, etc.
Vers 1550 en Angleterre, on brûlait même les forêts pour en chasser plus vite les loups. Maintenant, dans les pays où ils vivent encore, la chasse est très réglementée ou même interdite.

Le tir au fusil à partir d'un hélicoptère ne laissait aucune chance à l'animal. Ce genre de massacre est aujourd'hui interdit.

La disparition des loups a eu des conséquences !

Dans la nature, chaque animal a un rôle à jouer. Les loups chassaient les renards : en en dévorant un de temps en temps, ils limitaient leur nombre.
Depuis que les loups ont disparu, les renards sont bien tranquilles !

Ils se reproduisent rapidement et deviennent même trop nombreux. Malheureusement pour eux, ils sont parfois atteints de la rage. Les chasseurs les traquent ! Si les renards disparaissaient à leur tour, les chasseurs pourraient se préparer à chasser le mulot et la souris, car sans les renards qui en mangent beaucoup, ces petits rongeurs deviendraient peut-être envahissants... L'équilibre de la nature est très fragile !

Entre chien et loup

Les Esquimaux qui utilisent encore des chiens pour tirer leurs traîneaux ont besoin d'animaux forts et endurants. Ils ont donc eu l'idée de faire des croisements : ils attachent solidement une chienne à l'extérieur du village et un loup ne tarde pas à lui rendre visite. Deux mois après, la chienne met bas des chiots vigoureux.

L'histoire du chien domestique, qui est très ancienne, demeure inconnue. On pense que le chien domestique descend du loup et du chacal et peut-être aussi de chiens sauvages d'Asie.

Grâce à ce mélange de races, l'Esquimau dispose d'animaux hybrides ayant la taille et l'endurance du loup, la fidélité du chien. Mais l'instinct sauvage demeure en eux : mal dressés, ces chiens seront dangereux pour leurs compagnons de trait et même pour leur propriétaire. Le dressage d'un animal sauvage est toujours très délicat et demande beaucoup de patience.

Qui sont les cousins du loup ?

“Petit loup des prairies”, le **coyotte** vit en Amérique du Nord. Il aime aussi bien manger des fruits que des lapins.

Près des grandes villes, le coyotte n’hésite pas à fouiller dans les poubelles.

Le **chacal rayé** est plus petit et plus svelte. Il aime les vastes prairies d’Afrique et d’Amérique. Les chacals chassent en famille la nuit.

Le chacal ne mange pas que des restes d’animaux morts, comme on le pensait autrefois.

Le **lycaon,** ou loup peint, vit dans les savanes d’Afrique. Il s’occupe bien de ses petits : quand une proie a été tuée, ce sont les chiots qui se servent les premiers.

Les lycaons vivent en bande d’une trentaine d’individus.

Le **fennec**, ou renard des sables, fait aussi partie de la famille des canidés : c'est le plus petit. Il vit dans les déserts d'Afrique du Nord et d'Arabie. Il s'apprivoise très bien.

Le **dingo**, ou chien sauvage d'Australie, a été introduit dans ce continent il y a six mille ans. Il ressemble assez aux premiers chiens.

Le dingo a une réputation de férocité.

Le **berger allemand**, appelé aussi chien-loup, est connu pour sa ressemblance avec son ancêtre sauvage. Sais-tu voir les nombreuses différences entre ce chien et le loup ?

Bon chien de garde, ce chien peut être aussi sauveteur dans les avalanches.

Les meneurs de loups ont vraiment existé !

Des légendes racontent qu'ils marchaient à la tête des meutes en jouant de la flûte, pour aller célébrer des cérémonies magiques aux carrefours des forêts. En fait, il s'agissait de simples bûcherons, charbonniers ou bergers qui avaient appris à connaître les loups et à en apprivoiser quelques-uns. Avec malice, ils s'en servaient pour faire peur aux gens qui les accusaient d'avoir conclu un pacte avec le diable !

La fameuse Bête du Gevaudan est une sorte de mythe. En Lozère, au XVIIIe siècle, tout le monde parlait d'un animal énorme et terrifiant, qui attaqua près de cent personnes. On ne l'a jamais identifié.

La légende de Romulus et Rémus élevés par une louve est belle, mais impossible dans la réalité.

Les mésaventures ou les exploits des loups !

Que de contes, de légendes, de fables, nous parlent de lui ! Hélas dans presque toutes ces histoires, le loup tient le mauvais rôle. Il est bête, méchant, tricheur ou froussard. Maintenant tu sais bien que tout cela est faux !

Les loups-garous étaient des hommes qui se prenaient pour des loups : il leur arrivait parfois de croquer des enfants !

Quel est l'avenir des loups ?

Aujourd'hui, ils vivent dans
des zoos, des réserves ou des parcs.

Dans le Roman de Renart, Ysengrin le loup subit les farces de Renart !

Un jour, les loups seront peut-être relâchés dans les grandes forêts qui leur appartenaient jadis.
Pour cela, il faut que chacun apprenne à les connaître, à ne pas les craindre. Chaque animal a le droit de vivre et d'être respecté.
N'aimerais-tu pas, à la campagne, entendre au loin le chant des loups ?

Le petit chaperon rouge.

Dans notre langue, beaucoup d'expressions se rapportent au loup : **marcher à pas de loup,** c'est marcher en silence.
Quand tu as une **faim de loup,** tu dévorerais n'importe quoi !
Être connu comme le loup blanc, c'est être vraiment très connu.

Quand on se jette **dans la gueule du loup,** on tombe dans un piège.
Un **loup de mer** est un marin expérimenté.
Un **froid de loup** est pire qu'un froid de canard !
Aimes-tu te promener **entre chien et loup** ? C'est l'heure où la nuit tombe.

Déjà parus

1. Comment vivent les animaux en hiver ?
2. Les baleines et autres mammifères marins
3. Sur les bords du Nil, au temps des pharaons
4. À l'abri des châteaux-forts
5. Le riz : ce grain si petit qui nourrit le monde
6. Étranges animaux de la préhistoire
7. Le lait pour tous les petits
8. L'histoire de la feuille de papier
9. Loup, qui es-tu ?
10. Le chocolat, le thé et le café
11. L'histoire de la naissance
12. Le pain de ma tartine

Découverte Benjamin